I0424317

This Journal Belongs To:

www.ingramcontent.com/pod-product-compliance
Lightning Source LLC
Chambersburg PA
CBHW020322290526
45785CB00007B/2888
* 9 7 8 1 0 7 0 9 9 6 9 7 4 *